炎上

ネット上で、特定の人物などに対して、批判や誹謗中傷が集まり、収まりがつかなくなる状態のこと。

アプリ(アプリケーションソフト)

SNSやゲーム、動画やチャットなど、特定の目的のためにつくられたソフトのこと。「アプリ」はアプリケーションソフトの略で、スマホやタブレット、パソコンにダウンロードして使う。

コミュニケーションアプリ

1対1の相手やグループにメッセージを送って、おたがいの考えや気持ちを伝え合えるアプリ。アプリ上の会話を「トーク」「チャット」などとよび、通話できるものが多い。日本では主に「LINE」とよばれるものを利用している人が多く、あいさつや感情などをかんたんに相手に伝えることができるスタンプも人気である。SNS同様、動画や写真を送ることもできる。

ダウンロード

ネット上の画像などのデータをスマホやパソコンへ受信することをいう。

アップ(アップロード)

スマホやパソコンから、ネット上に画像などのデータを送信することをいう。

課金

アプリの運営会社などが、サービスを利用した人に対して、サービスの利用に料金を請求すること。また、ゲームアプリなどで、アイテムを手に入れたり、追加のサービスを受けたりするために、利用者が運営会社にお金を払うことも「課金する」ということが多い。

「リスク」を知って、
「自分」を守る！

スマホ マインド の 育てかた

人とのコミュニケーション

～家族、友だち、SNSでの人間関係～

監修＝竹内和雄

兵庫県立大学環境人間学部教授

保育社
HOIKUSHA

もくじ

1章 考えてみよう　友人・恋人とのコミュニケーション

マンガ ケース1 いつもどおりにメッセージを
送ったつもりだったのに …………… 4

みんなで考えよう！ 自分が同じグループにいたらどうする？ ……… 6

もっと知りたい!! コミュニケーションにおけるマナー …………… 8

ケース2 たった1回拡散しただけなのに ………………… 10

＼やってみよう！／ 悪口を書きこみそうになったら ……………………… 13

ケース3 ふざけて写真を投稿したら ……………… 14

もっと知りたい!! もしもトラブルに巻きこまれてしまったら … 17

マンガ ケース4 「友だち」に会いたかっただけなのに ………… 18

みんなで考えよう！ SNSで知り合った人に会いたいと
言われたらどうする？ ………… 20

マンガ ケース5 恋人だけに送った写真だったのに ………… 22

みんなで考えよう！ どうしたらトラブルに
巻きこまれずにすむ？ …………… 24

2章 見直してみよう　家族とのルール

マンガ ケース1 スマホを自由に使いたいだけなのに ………… 26

みんなで考えよう！ どうしたらケンカにならずにすむ？ ………… 28

＼やってみよう！／ スマホのルール表をつくろう ………………… 30

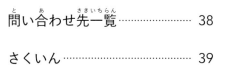 ゲームで強くなりたかっただけなのに ……………… 32

★もっと知りたい!! ★ 課金以外にも気をつけたいゲームのトラブル … 35

★もっと知りたい!! ★ 有害サイトに気をつけよう ……………… 36

問い合わせ先一覧 ……………… 38

さくいん ……………… 39

※本書の内容は、制作時点(2023年11月)のものであり、今後変更が生じる可能性があります。

はじめに

　テレワーク、キャッシュレス決済、ネット通販……。私たちの生活は、ネットのおかげでずいぶん便利になりました。また内閣府によると、2歳児の6割以上がネットを利用し、政府のGIGAスクール構想で、小学校1年生から学校で情報端末を利用しています。

　これらを見てみても私たちの社会が、ネットの利用に大きく舵を切ったことがわかります。以前は、「子どもたちを危険なネット社会から守る」ことに大人は一生懸命でした。基本スタンスは「制限・禁止」です。それがここにきて、方針が「利活用」に大きく変わったため、多くの大人は戸惑っています。

　そういう時期に刊行される本書の役割は大きいです。しかも本書には、「スマホマインド」が貫かれています。この言葉には「スマホを賢く使いこなすための心得」という意味がこめられています。そして、賢く使いこなすためのヒントが随所にちりばめられています。

　とはいえ、私たちの社会はまだ、子どもたちが安心してネットを使える環境をつくることができていません。ネットいじめ、ネットでの危険な出会い、ネット炎上、ネットの長時間利用……。マスコミには連日、この種の話題があふれています。

　本書には、そうしたトラブルに巻きこまれないためのポイント、心得がしっかり書かれています。実話をもとに構成されているので、地に足のついた内容です。

　十代の皆さんは、これからさらに進んだ高度情報化社会を生き抜いていかなければなりません。本書は、今あるトラブルについてはていねいに対応していますが、これから皆さんが経験する社会では、今の私たちには想像がつかないくらい新しいことが起きるはずです。ですが、形が変わっても、起きることの根本は同じです。

　そういう意味でも、本書をただ漫然と読むだけでなく、自分ならどうする、どういうことに気をつけたらよいか、「自分ごと」として、自問自答をくり返しながら読むとスマホの「リスク」から自分を守るのに、より一層効果的です。

兵庫県立大学環境人間学部教授　竹内和雄

※令和4年度 青少年のインターネット利用環境実態調査 調査結果(速報)令和5年2月 内閣府

いつもどおりにメッセージを送ったつもりだったのに

ある日のケンセイの部屋で……

ちょっと休もう〜!! つかれた!!

あのさ……ちょっと聞いてほしいんだけど

急にどうした?

何? 何?

じつは塾を辞めようかと思ってるんだ……

え!? なんで!!

せっかく入塾したのに?

何かあった!?

先週のことなんだけど……

カシャ

きゃー♡ かわいい〜♡

この気持ちみんなにもシェアしたい♡

塾の友だち10人で参加してるコミュニケーションアプリのグループにメッセージを送ったんだけど……

ピコー

ミオちゃんからもらったぬいぐるみかわいくない

マジでかわいくない? みんなも見てー♡

自分が同じグループにいたらどうする？

ケンセイ

グループ内で「ぼくはかわいいと思うけどなあ」とか、遠まわしに気づけるようなことを言ってみるのはどうかな？

ハルト

リコに「『？』をつけ忘れているよ」って知らせる。みんなが見ているグループ内だと、ほかの人にどう思われるかわからないから、リコだけに直接メッセージを送ろうと思う。

コハル

「？」をつけ忘れたリコか、かんちがいしているミオさんのどっちかに、すぐ電話して教えてあげる。いじめになるのはいやだ。

ココロンからのアドバイス

「ぼくはかわいいと思うけどなあ」とか、「『？』をつけ忘れているよ」とメッセージを送れば、リコさんは自分の書きまちがえに気づけるし、ミオさんは自分がかんちがいしていることに気づくね。だけど、コミュニケーションアプリは相手の気持ちが読みとりにくいから、かえってこじれてしまうことも。できるだけ電話をかけたり直接話したりするようにしよう。「何か言ったら自分がいじめられるかも」と心配なときは、大人に相談することも考えてみて。

何気なく送ったメッセージが、相手にちがう意味で伝わってしまうことがあるので注意しよう。

たとえば……

どうやってくるのかな？バスかな？

日曜日にプールに行こう。

ぼくも行く。

なんでくるの？

「なんで？」って、ぼくが行っちゃいけないの？

大切な友だちだもの。ぜひ来てほしいな。

うちにとまりにおいでよ。

ホントにいいの？

友だちじゃない

わたしは友だちじゃないの？　ひどい。

送る前に読み返す

ちがう意味にも読めてしまう文章になっていないか確認しましょう。もし、誤解されやすい文章になっているときには、言葉を補いましょう。

あ、「なんで？」だと、「なにで？」とは、ちがう意味に読めちゃうな。

受けとったら意味を確認

「いつも仲よくしているのに、なんで急にこんなことを言うの？」と思うようなメッセージが来たら、まず相手やグループのほかのメンバーに意味を確認しましょう。よく確かめず相手にひどいことを言ったり、グループからはずしたりしてはいけません。

同じグループにいたらできること

メッセージを送った人にどこがよくなかったのか教えたり、悪い意味ではないことを受けとった人に伝えたりしましょう。

7

コミュニケーションにおけるマナー

スタンプだけで伝えない

メッセージアプリには、「スタンプ」という、文字を打たずに返信できる機能があります。あいさつなどをすばやくかんたんに送ることができますが、よく確認せずにまちがったスタンプを送ってしまうと、誤解をまねくことがあります。また、スタンプだけで返信すると気持ちが伝わらない場合があるため、真剣に気持ちを伝えたいときには、自分の言葉でメッセージを送るようにしましょう。

昨日の夜、「了解」っていうスタンプを送ったつもりだったのに、ちがうスタンプを送ってた。ごめんね。

そうだったんだね。大丈夫だよ。

まちがったスタンプを送ってしまったことに気がついたら、相手にきちんと説明するようにしよう。

へたくそ!!

言葉づかいに気をつける

コミュニケーションアプリでメッセージのやりとりをするときには、短い言葉ですばやく返信することに夢中になってしまいがちです。けれども、短い言葉ではうまく伝わらずにトラブルにつながることがあります。返信する前に読み返して確認するようにしましょう。また、ネットゲームをしているときに、音声でやりとりができるボイスチャットも、言葉づかいや話しかたによって、相手をいやな気分にさせてしまうことがあります。とくにゲームに夢中になると、乱暴な言葉づかいになりやすいので、気をつけましょう。

メッセージを受けとったままに
しない

コミュニケーションアプリで届いたメッセージを開くと、メッセージを開いたことが相手にわかるように、「既読」のマークがつきます。マークがついたのに何も返信がないと、送った人は無視された気持ちになるかもしれません。いそがしくてていねいな返信ができないときは、「あとでちゃんと返信するね」など、まずはかんたんな返信だけでも送るようにしましょう。

リアクションやコメントが
なくても気にしない

自分がいいと思った写真や、人に知らせたいできごとをSNSに投稿したときは、見た人からの反応がほしくなるものです。けれど、SNSをあまり見ていないという人もいます。人によって「いいな」と思うものもちがいます。友だちにリアクションやコメントを強要しないようにしましょう。

受けとったメッセージを
許可なくほかの人に見せない

メッセージアプリなどでやりとりをする場合、多くの人は1対1やアプリのグループ内だけで見られるものだと思ってメッセージを送っています。そのメッセージを勝手に第三者に見せたり、SNSに投稿したりしたら、相手は「プライバシーを侵害された」と感じるかもしれません。メッセージのやりとりでは、「個人情報をあつかっている」という意識をもつようにしましょう。もし第三者に見せる必要がある場合には、相手から許可をとりましょう。

ケース2 たった1回拡散しただけなのに

　レンさん（中学3年）の友だちのエイジさんが、「ショウタくんは、いつも話がつまらない！」とSNSでクラスメイトの悪口を投稿しました。ショウタさんのことが苦手だったレンさんはこの投稿を拡散しました。するとその投稿を見た友だちもその投稿を拡散し、たくさんの人の目にふれるようになりました。

> エイジ
>
> ショウタくんは、いつも話がつまらない！
>
> 拡散！
>
> ♡ 💬 🔁
>
> ぼくも、ショウタのこと苦手なんだよなぁ。

> ショウタ、マジでうざいよね。
>
> ショウタ、テストでカンニングしたらしいよ！
>
> ショウタなんて、学校辞めちゃえ！
>
> 拡散したら、悪口が増えちゃった……

　それだけではなく、さらにひどいショウタさんの悪口や事実ではないうわさがSNSに投稿され、ショウタさんは学校に来なくなってしまいました。

　レンさんは、「1回拡散しただけだけど、ショウタくんは不登校になってしまった。もしかしてぼく、すごく悪いことをしたのかな」と悩んでいます。

> SNS上の悪口は、たくさんの人が目にするし、ネット上に残り続ける。直接言われる悪口以上に深く傷つくものなんだよ。SNSで悪口を書くのも拡散するのもいけないことだよ。

こんなことに気をつけよう

SNSに悪口を書かない

SNSに悪口を投稿することで、一時的に気持ちがすっきりする人もいるかもしれません。けれども、SNSに投稿された悪口は文字として残るため、画面の向こうにいるたくさんの人の目にふれてしまいます。悪口が広まり、書かれた人を追いつめることにつながるので、画面の向こうには自分と同じひとりの人間がいるということを忘れないでください。

悪口は、言うのもだめだけど、SNSへの投稿はもっとだめだね。

SNSは大勢の人が見るもの。SNSに悪口を書くことは、街中の人に聞こえるように悪口を言いふらしていることと同じだよ。

悪口が書かれた投稿を拡散しない

苦手な人の悪口が書かれた投稿を見たときは、反応したり拡散したりしたくなるかもしれません。ですが、反応したり拡散したりする人がいると、悪口を書いた人は調子にのり、さらにひどい悪口を書きこむようになります。
悪口を書かれた人をさらに傷つけることになりますので、拡散はやめましょう。

拡散しないよ。

相手が悪いときもSNSに書きこまない

「Bさんがこんなことをしていた。最低！」など、よくない行動をした人を名指しして、投稿する人がいます。この場合は「Bさんが悪いから何を言ってもいい」という気持ちになる人が多く、大勢の人がひどいコメントとともに拡散しがちです。相手は追いつめられ、それまでどおりの生活を送れなくなってしまいます。
相手がやったことであなたやまわりの人が困っている場合は大人に相談し、SNSへの書きこみや拡散はやめましょう。

悪いことをした人なんだし、名前や顔をさらされてもしかたがないよね！

拡散

相手の名前を出さない悪口もだめ

コミュニケーションアプリのプロフィール欄やステータスメッセージ（ステメ）に、相手の名前を出さずに悪口を書く人もいます。相手の名前を出しても出さなくても、悪口を書いてはいけません。悪口以外にも、読んだ人がいやな気持ちになることは書かないようにしましょう。

サイトウ　アンナ

ちょっと告白されたからって調子に乗んな！
1組の女子はみんなあんたのことをきらってる。

うちのクラスの
だれかの悪口だよね

私だったら
どうしよう…？

なりすまして悪口を投稿しない

他人の名前でアカウントをつくって投稿することは「なりすまし」といわれています。悪ふざけのつもりでなりすまし、他人の悪口や写真を投稿する人もいます。悪口を言った相手だけでなく、なりすまされた相手の信頼を傷つけることにもなります。絶対にやってはいけません。また、なりすまされた人が専門の機関に相談すると、だれがなりすましたかをつきとめることができます。

自分の「なりすまし」を見つけたら、まずは、SNSの運営会社に報告しよう。

なりすましアカウントからの投稿を止めることができるよ。

「アカウントをのっとられて、勝手に投稿された！」というケースもあるから、パスワードは人に教えないようにしよう。

ケンカしたからって理由で、同級生になりすまして、ほかの人の悪口を投稿するケースもあるみたい。

友だちの投稿の異変に気づいたら、本人に連絡しよう……。

SNSでの悪口は犯罪になる　－侮辱罪－

　どんな人が見ているかわからないところで、大勢の人の目にふれるように、特定の人を傷つけることを言った場合、「侮辱罪」という犯罪になることがあります。たとえば「Cさん、頭おかしい」など、抽象的な悪口でも罪に問われる可能性があり、そ

れはたとえ友だちどうしのやりとりであっても同じです。
　罪に問われた場合、拘留30日未満、もしくは科料1万円以下の罰則を受けることになります。

悪口を書きこみそうに なったら

カッとなって、悪口を書きこんでしまいそうになったら、一度スマホを置いて、気分を変えるようにしてみよう。

スマホを見るときは心に余裕を

急いでいるときや、いやなことがあって気持ちが落ちこんでいるときは、いつもよりきつい言葉を友だちに送ったり、SNSに書きこんだりしてしまうものです。またふだんは気にしないような相手の言葉にもイラッとすることがあります。
気持ちがざわざわしているときは、一度スマホからはなれたり、電源を切ったりするのもひとつの方法です。

カッとしたときは6秒数えて

カッとなったときに書きこんだ自分の投稿をあとから見ると、「なんであんなこと言っちゃったんだろう」と後悔することがあります。
怒りでカッとなったときは、投稿する前にゆっくり6秒数えてから、大きく深呼吸してみましょう。気持ちが落ち着き、ひどい言葉を書きこまずにすみます。

もしトラブルになってしまったら……

直接話す

ネットでは直接言えないようなひどい言葉を言えてしまったり、言いたいことがうまく伝わらなかったりすることがあります。
SNSやコミュニケーションアプリのやりとりでトラブルになったときは、ネット上で解決しようとせず、直接相手と会って話すようにしましょう。

ふざけて写真を投稿したら

ケース **3**

　ユウナさん（中学1年）の友だちのユイさんが、テストで5点をとりました。「やばいんだけど〜」と笑いながら、見せてくれたので、ユウナさんはおもしろがって写真を撮り、SNSに投稿しました。

　それを見たユイさんから「やめてよ」とメッセージがあったので、ユウナさんは写真を削除しました。けれども、その前に投稿を見た人が写真を保存して、友だちに拡散していました。

> **ユウナ**
> 友だちのテストの点、やばすぎて笑ったww
>
> クラス 3 名前 サイトウ ユイ　5

> ユウナは友だちだから見せたのに……。ネットでさらすなんてひどい!!

> おまえ頭悪いんだな！

> ユイ……ごめんね……

　ユイさんは勉強が苦手なことを、クラスメイトにからかわれるようになりました。怒ったユイさんは、ユウナさんと口をきいてくれなくなりました。ユウナさんは、「軽い気持ちで写真を投稿したせいで友だちをなくしちゃった。こんなことになるなんて……」と後悔しています。

> だれでも、あまり人に知られたくないことがあるよね。それを「プライバシー」というんだ。テストの点数もプライバシーのひとつ。プライバシーに関することは、大勢の人が見るSNSに投稿してはいけないよ。

こんなことに気をつけよう

友だちの情報をさらさない

電話番号や住所は、名前と一緒に書きこむことで、その人のことを特定できてしまう「個人情報」です。こうした情報は悪い人に見られて悪用されることがあるため、絶対にSNSにのせないようにしましょう。

また「他人に秘密にしておきたいもの」は、その人によってちがいます。あなたが気にせずまわりの人に話していることも、友だちにとっては、知られたくないことかもしれません。友だちに関することを投稿するときは、必ず相手に確認をとってからにしましょう。

> ふたりでコンサートに行ったこと、写真つきでSNSにアップしていい？

> ごめん、ファンだってこと、はずかしいからあまり知られたくないんだ。のせないで。

「これくらい大丈夫」と自分で思いこまないで、「相手がいやがっていたら投稿しない」ことをおたがいのルールにしよう！

むやみに写真を投稿しない

写真を投稿すると、写りこんでいるものから住んでいる場所やよく行く場所が知られてしまうことがあります。むやみに自分や友だちの顔が写った写真を投稿してはいけません。写真に場所の目印になるものや個人情報がわかるものが写りこんでいないかよく確かめましょう。

> これはあそこの中学校の制服だな。校門の前で待ちぶせしよう。

アサヒ

遊園地に行ってきた！

リアルタイムで投稿をしない

SNSは大勢の知らない人の目にふれる可能性があるため、リアルタイムで、自分の行動や居場所について投稿すると、悪い人に見られて、ねらわれる場合があります。家を留守にしていることが知られ、空き巣に入られたケースもあります。今、どこにいて、何をしているのかがわかるような投稿をしないようにしましょう。

リン

アイスクリーム食べに来た♪

リンちゃん見つけた…

かんちがいされるような投稿をしない

　友だちの許可をとり、気をつけて投稿した写真でも、見る人がかんちがいをして、コメント欄に批判的な書きこみが集中する「炎上」が起こることがあります。

友だちがジュースを飲んでいるところを写真に撮って投稿したところ、見た人がお酒を飲んでいるとかんちがいして、炎上が起こりました。友だちは、法律をやぶった人と思われ、まわりからの信用を失ってしまいました。

写真の説明を入れるとかんちがいを防ぐことができます。もし、かんちがいをしているコメントがあったら、ほうっておかず、誤解をとくようにしましょう。

SNSに投稿する前に、「この投稿を見た人がどう思うか」という視点で、投稿内容を確認するのがポイントだよ!

他人の信用を落とす投稿をしたら －名誉毀損罪－

　どんな人が見ているかわからない、大勢の人の目にふれるかたちで、あることないことを書いて、その人の信用を落とした場合は、「名誉毀損罪」という犯罪になることがあります。
　名誉毀損罪は3年以下の懲役や50万円以下の罰金になるほどの重い罪です。たとえば、「モデルのモモカは、鼻を整形している」など、具体的な内容の悪口やデマを投稿した場合に、名誉毀損罪が成立する可能性があります。

もしもトラブルに巻きこまれてしまったら

① 投稿した人に削除してもらう

自分のプライバシーがさらされている投稿を見つけたら、投稿した人に言って削除してもらいましょう。ほうっておくと、その分たくさんの人の目にふれてしまうので、できるだけ早く削除してもらうのがよいでしょう。

あの投稿、消してほしい!!

ごめん……。すぐ消すね!!

この投稿を報告する理由

報告

差別的な表現　　　　　　　◎

いじめ、またはいやがらせ　◎

暴力、または危険な内容　　◎

虚偽の情報　　　　　　　　◎

② SNSの運営会社に通報する

投稿した相手が削除してくれないときは、SNSの運営会社の削除依頼フォームから報告することで、削除してもらえることがあります。

③ 悪質な場合は専門機関に相談しよう

相手が削除してくれなかったり、くり返し投稿したりするような場合は、弁護士や警察などに相談しましょう。そのときは、投稿されている画面のスクリーンショットをとっておき、証拠として提出します。

専門機関に相談するかどうか、まず保護者に相談したほうがよさそうだね。

 ケース4

「友だち」に会いたかっただけなのに

この間さぁSNSで仲よくなった同い年の男友だちから

リアルで会わない?

トウマ

って言われて一緒にゲームのイベントに行く約束したんだけど……

当日待ち合わせの駅前で待ってたら

ハルトくんだよね?

え!?ダレ!?

どう見ても中学生じゃない!?

オレびっくりしすぎて逃げちゃったんだ!!

だだだっ

駅から遠い場所まで走ったところで……

ハァ ハァ

ピコン

ハルトくんやっと会えたのにどうして逃げるの?

トウマ

ってメッセージがきて怖くてブロックしたんだ……

ひぃ—!!

まさか大人だとは
思わなかったよ!!

逃げて
正解だよ!!

ホントに
そんなこと
あるんだ!!

じ……
じつは私も

親に内緒でSNSで
知り合った男の子と
会おうとしたら

え?

息子がカゼひいちゃって
代わりに来たの♡
おわびにランチでもどう?

ゴメンナサイネ〜
ウチの子ったら〜!!

待ち合わせ場所に
来たのは知らない
女の人で……

すぐ逃げたの

コワイ!! まって〜

その男の子とは
連絡
つかなく
なったの

ハァ

SNSでの出会いは、
みんなにとってあたり前に
なってきているよね!!

自分だけは
大丈夫って
思うのは
NG

誘拐されたり
暴力を振るわれたり
するような事件も
本当に起きているよ!!

ハルトくんとコハルさん
みたいに、聞いていた
年齢・性別とちがった
なんてことが、
よくあるんだ!!

SNSで知り合った
人に会いたいと
言われたらどう
したらいいかな?

SNSで知り合った人に会いたいと言われたらどうする？

ケンセイ

何度もやりとりすれば、相手がどういう人か、わかると思う。それであやしい人ではなさそうなら、ぼくは気にせず会うよ。

リコ

自分とのやりとりだけでなく、相手のふだんのSNSの投稿を見ていたら、年齢とか性別とかがわかるよね。それでうそをついてなさそうだったら会うかな。

ハルト

親も一緒に行ってもいいか、聞いてみる。それでいいよと言ってくれる人なら会ってもいいと思う。

コハル

会う前に一度ビデオ通話をして、おたがいの顔を確認したらいいと思う。最初に会うときには親にもついてきてもらう。

ココロンからのアドバイス

大人が子どものふりをしてメッセージを送ってくるケースはよくあることだよ。子どもになりすましてSNSの投稿をする人もいるよ。だから、ネットの情報だけを信用するのは危険なんだ。ネット上で親切に相談にのってくれる大人もいるけれど、安心させて子どもを誘いだし、悪いことをする場合も少なくない。「ふたりきりで会おう」という誘いにはのらないで。

ネットで知り合った人とは会わない

ネット上では姿が見えないため、大人であっても中高生のふりをすることができますし、性別をいつわることもできます。そのため、悪いことをたくらむ大人が、ネット上で同世代の子どもをよそおって近づき、相手を誘いだそうとする場合があります。ネットで知り合った相手には会いに行かず、ネットだけのつき合いを続けるのが安全です。

ユリカ

15才
中学3年生
仲よくしてね

他人の写真をコピーして
プロフィールにのせている人もいるよ。
「写真がのっているからだいじょうぶ」と
思わないで!

個人情報を教えない

家の住所や電話番号、自分の写真など、自分のプライバシーに関する情報を、ネット上でつながった相手に送るのはやめましょう。相手がとつぜん家に来たり、待ちぶせしたりして、犯罪に巻きこまれることがあります。あなたの写真を悪用する可能性もあります。

ネットでの出会いがきっかけで事件が多発

　子どもがSNSで知り合った相手に会いに行った結果、犯罪に巻きこまれるケースはたくさんあります。
　大人にからだをさわられる、はだかの写真を撮られるケースが多く、なかには、誘拐されたり、殺されたりするケースもあります。

　そのなかには、犯人が「悩みを聞いてあげる」と言って近づいたり、「うちに泊めてあげるからおいでよ」と言って誘いだしたりするケースが少なくありません。安心して相談できる窓口が38ページにのっているので、困ったときはまずそこに連絡してみてください。

恋人だけに送った写真だったのに

どうしたらトラブルに巻きこまれずにすむ？

ハルト

正直、こういうトラブルって男子のぼくにはあまり関係ない気がする。

コハル

私の男友だちも似たような被害にあったって言ってたから、男子でも危険だよ。そのときは、しつこく連絡がきたから、着信拒否をしたり、コミュニケーションアプリをブロックしたりしたんだって。

ケンセイ

相手は写真を持っているから、SNSにのせられたらこわい。他人に見られたら困る写真とかメッセージとかは送らないようにするしかないんじゃないかな。

リコ

ケンセイくんの言うとおりだと思う。写真を送るように言われたら、はっきりといやだって断るのがいちばん。それで「写真を送らなきゃ別れる」とか言う人だったら別れるほうがいい。

ココロンからのアドバイス

しつこく連絡が来るときに着信拒否やコミュニケーションアプリの機能でブロックをしても、ほかのアカウントや別のスマホから連絡してくることもあるし、本当に写真をSNSにのせられてしまうかもしれない。ケンセイくんやリコさんが言うように、他人に見られたら困る写真やメッセージを送らないのがいちばん。こういうトラブルは男の子でも起こるよ。だれでも被害者になる可能性があるんだ。相手が同性の友だちであっても、人に見られて困る写真やメッセージは送らないのがいちばんだよ。

こんなことに気をつけよう

他人に見られて困るものは送らない

大好きな恋人や親しい友だちに言われても、ほかの人に見られたら困る写真や動画は送らないようにしましょう。メッセージも人に見られて、はずかしいと思うものは送るべきではありません。一度だれかに送ってしまうと、見ず知らずの人にコピーされ、その人のスマホに残り続けるおそれがあります。

「ぼく（私）のことが好きだったら送ってよ」「ほかのだれにも見せないから」と言われても、「だれにも送らないと決めているからごめん」と断るようにしましょう。

スクショを撮っておこう。

画像を保存しておこう。

別れるなら、この写真をばらまく!!

ネットで売れるかな？

ネット上でやりとりした写真やメッセージは見ず知らずの人にも見られてしまう可能性があるよ。「家の玄関にはれないような写真やメッセージは送らない」という意識をもとう。

おかしいなと思ったら大人に相談

断わっても写真を送るようにしつこく要求してきたら、保護者に相談しましょう。がまんしているうちに、相手の行動がエスカレートすることがあります。「別れるなら殺す」など、おどすようなメッセージが届き、身の危険を感じたら、すぐ警察や相談窓口に連絡しましょう。「警察に連絡をする」と伝えることで、相手の行動がおさまることもあります。

別れるなら
写真をばらまく!!

返信しないなら
今から家に行く!!

別れるなら
殺す!!

警察に連絡するよ。

相手に気持ちを押しつけていないか考えて

あなた自身も友だちや恋人に「写真や動画を送って」「すぐに返信して」と気持ちを押しつけていることがないか、ふり返ってみましょう。いくら親しい相手でも、あなたとは別の人間です。相手には相手の考えや、生活リズムがあることを忘れず、礼儀をもって接するようにしましょう。

すぐ返信してね！

ピロン
ピロン

25

スマホを自由に使いたいだけなのに

どうしたらケンカにならずにすむ?

ハルト

ゲーム大会のときまで内緒にしておいて、「あと少しで終わるから」と延長しちゃう。怒られるけど、そのときだけだからやり過ごしちゃうかな。

どうしてもわかってくれなかったときに、「スマホを使わせてくれないなら家出する!」って泣きながらうったえて、使わせてもらったことがあったよ。

リコ

コハル

私だったら友だちづき合いの事情とか、今日は自分にとって特別な日だということを説明して、納得してもらえるまで話し合う。

ゲーム大会が夜の7時からだから、「1時間だけじゃ短すぎる」ということを伝えて、説得すればよかったのかな?

ケンセイ

ココロンからのアドバイス

保護者がスマホの使用時間を決めているのは、スマホの使いすぎでみんなの生活リズムがくずれるのを防ぐためなんだ。「あと少し」といって時間を一度のばしてしまうと、だんだんそれがあたり前になってしまうことがあるから注意が必要だよ。「家出する」と言って、保護者をおどすのもやめよう。コハルさんやケンセイくんのように、できるだけ自分の事情やスマホを使いたい理由を伝えて、話し合えるといいね。

28

こんなことに気をつけよう

スマホのよい点と悪い点について考える

スマホはとても便利ですが、使いすぎると生活にさまざまな悪い影響が出てしまいます。まずは、自分にとってのスマホのよい点と悪い点を確認しましょう。

スマホを使うことのよい点
- 友だちとかんたんに連絡をとり合える。
- 離れていても友だちとゲームができる。
- いろいろなサイトを見て情報を集められる。

スマホを使うことの悪い点
- スマホに夢中になって寝不足になる。
- スマホの使いすぎで勉強する時間がなくなる。
- 友だちや知らない人とのトラブルに巻きこまれる。

ルールを具体的に決めよう

よい点と悪い点を考えたら、その内容をもとに保護者と話し合って、スマホを使う時間、場所、使いかたについての具体的なルールを決めましょう。いつなんのためにスマホを使いたいのか、自分の考えを保護者に伝えましょう。

時間を決める

利用時間は曜日ごとに決めておきましょう。ルールをつくって一週間したら、保護者とルールをふり返り、改善できる点がないか話し合います。進級したり、塾や習い事に通い始めたりして生活のペースが変わったときは、ルールを見直しましょう。

場所を決める

自分の部屋にスマホを持ちこむと、つい手にとってしまって、使いすぎてしまうことがあります。リビングで使うようにして、充電もリビングで行うようにしましょう。場所を決めると、スマホを使うときと使わないときとの切り替えがしやすくなります。

アプリで時間制限をかける

「ルールを守らなきゃと思うけど、どうしてもスマホが手放せなくなってしまう……」という人は、時間がくると自動的にアプリが利用できなくなる設定にするのも使いすぎを防ぐ方法のひとつです。設定に必要なパスワードは保護者に管理してもらい、自分で変更できないようにしておきましょう。

スマホのルール表

スマホを安全に楽しく使うには、ルールを決めておくことが大切だよ。

1 話し合ってルールを決める

使用する時間、場所、課金などについて保護者と話し合いましょう。また友だちとのトラブルを防ぐためにはどんなことに気をつけるべきか、知らない人とのやりとりをどうするかも話し合っておきましょう。

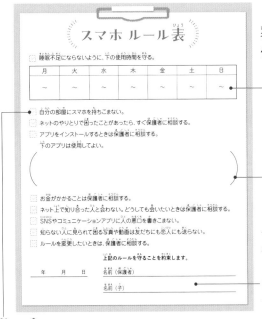

各曜日のスマホの使用時間を書きこむ。

2 ルール表をつくる

ルール表をつくりましょう。右のスマホルール表をコピーして、記入することもできます。ルール表ができたら読み上げて確認し、最後に保護者と自分の名前を書きこみます。

使用するアプリの名前を書く。

自分の名前を書き、保護者にもサインしてもらう。

守ると決めたルールに、チェックを入れる。

3 見えるところにはっておく

記入したルール表は、目につくところにはっておきましょう。新年度が始まったり、生活リズムが変わったりしたときは、ルールを見直して、新しいルール表をつくります。

をつくろう

スマホを使うときの
マナーや注意点も、ルール表
で再確認すると安心だね！

スマホ ルール表

☐ 睡眠不足にならないように、下の使用時間を守る。

月	火	水	木	金	土	日
～	～	～	～	～	～	～

☑ 自分の部屋にスマホを持ちこまない。

☑ ネットのやりとりで困ったことがあったら、すぐ保護者に相談する。

☑ アプリをインストールするときは保護者に相談する。
　　下のアプリは使用してよい。

(　　　　　　　　　　　　　　　　　　　　　　　　　　　　　)

☑ お金がかかることは保護者に相談する。

☑ ネット上で知り合った人と会わない。どうしても会いたいときは保護者に相談する。

☑ SNSやコミュニケーションアプリに人の悪口を書きこまない。

☑ 知らない人に見られて困る写真や動画は友だちにも恋人にも送らない。

☑ ルールを変更したいときは、保護者に相談する。

上記のルールを守ることを約束します。

　　年　　　月　　　日　　　名前（保護者）
　　　　　　　　　　　　　　　＿＿＿＿＿＿＿＿＿＿＿＿＿＿

　　　　　　　　　　　　　　名前（子）
　　　　　　　　　　　　　　　＿＿＿＿＿＿＿＿＿＿＿＿＿＿

ケース2 ゲームで強くなりたかっただけなのに

リョウさん（中学2年）の家ではネットゲームに課金してはいけないルールになっています。友だちが有料のアイテムを買って、強くなっているのがリョウさんはうらやましくて、しかたありませんでした。

ある日、リョウさんはお父さんに新しい有料のゲームアプリをダウンロードしてもらいました。ゲームをしている途中でリョウさんが有料のアイテムの購入ボタンを押すと、アイテムを買うことができました。

課金したら強くなった〜。

Lv.100

Lv.20

いいなぁ〜。ぼくも強くしたい……。

今月の請求
今月は10万円の請求です

じつは、ゲームアプリをダウンロードしたときに登録した、お父さんのクレジットカードの情報がスマホに保存されたままになっていたのです。「チャンス！」と思ったリョウさんはつぎつぎに有料のアイテムを購入しました。すると、アプリの課金額は合計で10万円にもなりました。後日、請求書を見たお父さんとお母さんはカンカン。リョウさんはスマホをとり上げられてしまいました。

ゲームで課金アイテムを購入することは、お店で買いものをするのと同じこと。保護者にだまってアイテムを買わないようにしよう。どうしても課金がやめられない場合は、保護者と話し合って、次のページの対策をとってみよう。

カード情報を残しておかない

保護者のクレジットカードの情報がスマホに保存されたままになっていると、いつでもボタンを押すだけで、課金できてしまいます。「勝手に課金はしない」と保護者と約束していても、ゲームに夢中になっていると、ついつい課金してしまいたくなるものです。保護者のクレジットカードの情報がスマホに残らないようにしましょう。

カード情報は、削除しておくね。

いつでも課金できちゃうと、「少しくらいなら」と思って、こっそり使っちゃう。課金できない状態にしているほうが安心だな。

課金できない設定にする

課金のしすぎを防ぐために、保護者に課金できない設定にしてもらうのもひとつの方法です。スマホのパスワードは保護者に管理してもらい、どうしてもほしいアイテムがあったときだけ相談して、課金させてもらうようにしましょう。

アプリ内課金
許可 ○
許可しない ✓

パスワードも親が管理してくれたら、勝手に課金はできないね！

ゲームに夢中になっても、これなら安心だね！

アプリのインストールや課金をするときには、必ず保護者に相談するのが、トラブルを防ぐコツだよ。

アプリのインストールは相談してから

新しいアプリをインストールするときは、必ず保護者に相談しましょう。「無料のアプリなら相談しなくてもいいよね？」と思うかもしれませんが、無料アプリのなかには、住所や電話番号などの個人情報を集めたり、コンピューターウイルスを広げたりする目的でつくられた危険なものがあります。安全なアプリかどうかを見分けるのはむずかしいので、保護者にチェックしてもらいましょう。

このゲームアプリ、インストールしてもいい？

アクセス許可に「電話帳」って書いてある。インストールすると「電話帳」の情報を使われちゃうからやめましょう。

ADVENTURE WORLD
アクセス許可
・電話帳

課金はおこづかいで払える分だけ

クレジットカードの代わりに、コンビニで買えるプリペイドカードを利用して課金することもできます。お年玉やおこづかいの範囲で買える分だけプリペイドカードを買って課金すると、あとから高額な料金を請求されることがありません。でも、もともとお年玉やおこづかいも、保護者などからもらったものです。だまって使うのではなく、月にいくら分なら使ってよいか保護者とルールを決めておくようにしましょう。

月のおこづかいは1000円でしょ。ぜんぶ使っちゃったら、ほかにほしいものが買えないよね。どうする？

うーん、ゲームに課金するのは毎月500円までにする！

ルールを決めたほうが安心してゲームを楽しめそうだね。

1000
5000
2000

課金していないのにお金を請求されたら保護者に相談

スマホでおもしろそうなゲームのサイトを見ていると、一度タップしただけで、高額な料金を請求されることがあります。これはワンクリック詐欺というもので、「何日までに払わなければ請求額が増える」などのおどすような言葉が書かれていることがあります。こうしたトラブルに巻きこまれたらまず保護者に知らせましょう。しつこく請求されたときは、消費者ホットラインや警察などに相談することもできます。

電話やメールはしない

とつぜん高額な請求をするサイトの画面には、「キャンセルしたい場合はここに連絡をするように」と電話番号やメールアドレスが表示されていることがあります。連絡するとあなたの電話番号やメールアドレスなどの個人情報が相手に知られたり、おどされたりすることがあります。絶対に連絡しないでください。

★ もっと知りたい!! ★
課金以外にも気をつけたいゲームのトラブル

アカウントをのっとられる

ゲームの対戦相手に「キャラクターを強くしてあげるから」と言われて、ID、パスワードを教えたところ、アカウントがのっとられ、ログインできなくなったというケースがあります。アカウントをのっとられると、勝手に友だちにメッセージを送られたり、個人情報を見られたりすることがあります。クレジットカードの情報が保存されている場合は、それを使って課金もされてしまいます。ID、パスワードは絶対に人に教えないようにしましょう。

ボイスチャットで個人情報がもれる

ボイスチャットを使ってゲームをしているときに、会話やまわりの家族の声から、家族構成や住んでいる場所などの個人情報が対戦相手に知られてしまうことがあります。まわりの音が入らないようにし、個人が特定できる情報は話さないように気をつけましょう。

有害サイトに気をつけよう

ネット上には有害なサイトがいっぱい

ネット上には暴力的・性的な画像や、動画がたくさんアップされています。また個人情報をぬきとったり、高額な料金をだましとったり、高収入のアルバイトがあると誘い、犯罪に引きずりこんだりする危険なサイトがあります。

こうしたサイトをつくった人は、さまざまな手を使って、たくさんの人をアクセスさせようとたくらんでいます。うっかりタップしてしまい、有害サイトを見てしまうケースも少なくありません。

うわっ なにこれ!

オスス×動画

32万回視聴

動画を見ているとき、おすすめとして出てきた動画を開いたら暴力的な映像が流れた。

ゲームしてた だけなのに…

PUZZLE GAME

ゲームのアプリに表示される広告を見たら、アダルトサイトだった。

即日・即金

楽して稼げる

高収入

バイトを探してた だけなのに…

短時間で高収入が得られるアルバイトの広告があり、登録しようとしたら、犯罪に加担する「闇バイト」だった。

もし有害サイトを開いてしまったら、すぐに閉じて。よけいなボタンを押してしまわないように注意しよう。

有害サイトや犯罪から身を守るためのフィルタリング

フィルタリングは有害なサイトにアクセスしたり、不法なアプリをダウンロードできないようにしたりするしくみです。18歳未満がスマホを持つときには、携帯電話会社が無料でこのサービスを提供することが義務づけられています。けれども保護者のなかにも、このしくみを知らず、設定をしていない人も多いようです。

保護者に自分のスマホはフィルタリングが設定されているか確認しましょう。設定のしかたがわからないときは、携帯電話の販売店に行けば設定してくれます。

SNSがきっかけで犯罪の被害にあった子どものフィルタリング利用状況
（2022年）

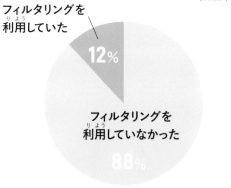

フィルタリングを利用していた **12%**

フィルタリングを利用していなかった **88%**

出典：令和4年における少年非行及び子供の性被害の状況（警察庁2023年3月）

フィルタリングを利用していた子のほうが、犯罪の被害にあいにくいことがわかるね。

フィルタリングのレベルを選ぼう

フィルタリングにはいくつかのレベルがあります。もっとも厳しいレベルに設定すると、実際には有害でないサイトにもアクセスできなくなる場合があります。どのレベルで設定するか保護者と話し合って決めましょう。いちばん大切なのは、有害サイトにアクセスしてしまう場合もあることを自覚し、むやみに課金したり知らない人とつながったりしないことです。

詐欺

闇バイト

有害サイト

お金のトラブル

フィルタリング

フィルタリングで制限がかかるのは、いやだと思っていたけど、身を守るために必要なんだね……。

自分に合ったレベルのフィルタリングを設定しよう。

問い合わせ先一覧

トラブルや困ったことがあったら、スクールカウンセラーや保健室の先生に相談しましょう。身近な人に相談できない場合には、電話やチャット、コミュニケーションアプリで相談できる窓口があります。

消費者ホットライン
電話番号：188（消費者庁）
商品を購入したり、サービスを利用したりしたときのトラブルについて相談できる窓口です。スマホゲームでの課金やフリマアプリでのトラブルなどについては、消費者ホットラインに相談してみましょう。

警察相談専用電話
電話番号：＃9110（警察庁）
最寄りの警察署につながります。ほかの相談窓口に相談しても解決できない場合や、身の危険を感じた場合などには、警察署に相談しましょう。

子供のSOSの相談窓口（文部科学省）
https://www.mext.go.jp/a_menu/shotou/
seitoshidou/06112210.htm
いじめや友だち関係、先生のことなどについて相談できる窓口です。

こどもの人権110番（法務省）
https://www.moj.go.jp/JINKEN/jinken112.html
先生や保護者に話しにくい相談や「まわりで困っている人がいる」といった相談にも答えてくれる相談窓口です。

こどものネット・スマホのトラブル相談！
こたエール（都民安全推進部）
https://www.tokyohelpdesk.metro.tokyo.lg.jp/
インターネットやスマホに関するトラブルについて、電話やメール、LINEで相談することができます。都内在住または、通勤、通学をしている人のための相談窓口です。

特定非営利活動法人
チャイルドライン支援センター
https://childline.or.jp/
18歳までの子どものための相談窓口です。電話やチャットで相談することができます。

特定非営利活動法人 BONDプロジェクト
https://bondproject.jp/
10代、20代の女性のための相談窓口です。電話やLINEで相談することができます。

「こんなことで相談してもいいのかな？」と迷うときでも、まずは相談してみよう！

さくいん

 あ

ID…35

アカウント…12、24、35

アクセス許可（きょか）…34

アプリ…9、29、30-32、34、36-37

インストール…31、34

運営会社（うんえいがいしゃ）…12、17

SNS（エスエヌエス）…9-24、31、37

炎上（えんじょう）…16

か

課金（かきん）…30、32-35、37-38

拡散（かくさん）…10-11、14

既読（きどく）…5、9

グループ…4-7、9

クレジットカード…32-35

個人情報（こじんじょうほう）…9、15、21、34-36

コミュニケーションアプリ…4、6、8-9、12-13、24、31、38

コメント…9、11、16

さ

写真（しゃしん）…5、9、12、14-16、21-25、31

消費者ホットライン（しょうひしゃ）…35、38

スクリーンショット…17

ステータスメッセージ…12

生活リズム（せいかつ）…25、28、30

た

ダウンロード…32、37

着信拒否（ちゃくしんきょひ）…24

動画（どうが）…25、31、36

投稿（とうこう）…9-17、20

な

なりすまし…12、20

ネットゲーム…8、32

は

パスワード…12、29、33、35

フィルタリング…37

侮辱罪（ぶじょくざい）…12

プライバシー…9、14、17、21

プリペイドカード…34

ブロック…18、24

プロフィール…21

プロフィール欄（らん）…12

ボイスチャット…8、35

ま

名誉毀損罪（めいよきそんざい）…16

メッセージ…4-9、13-14、18、20、23-25、35

や

闇バイト（やみ）…36

有害サイト（ゆうがい）…36-37

ら

ルール…15、29-32、34

ログイン…35

わ

ワンクリック詐欺（さぎ）…35

監修者プロフィール

竹内 和雄（たけうち・かずお）

兵庫県立大学環境人間学部教授。1987年神戸大学教育学部卒業。公立中学校に20年勤務し、生徒指導主事等を担当（途中、小学校兼務）。1999年兵庫教育大学大学院修了。博士（教育学）。2007年寝屋川市教委指導主事。2012年より現職。2007年読売教育賞優秀賞受賞。2012年日本道徳性発達実践学会研究奨励賞受賞。2014年ウィーン大学客員研究員。2022年、生徒指導提要（改訂版）執筆。生徒指導を専門とし、いじめ、不登校、ネット問題、生徒会活動等に重点的に取り組んでいる。総務省、内閣府等で子どもとネット問題についての委員を歴任。文部科学省「学校における携帯電話の取扱い等に関する有識者会議」座長。現在、本務の傍ら、ネット問題を中心に教職員や保護者向け講演を年間80回担当。著書に『10代と考える「スマホ」』（岩波書店）、『こどもスマホルール』（時事通信社）などがある。

「リスク」を知って、「自分」を守る！ スマホマインドの育てかた
人とのコミュニケーション －家族、友だち、SNSでの人間関係

2024年1月5日発行　第1版第1刷ⓒ

監　修　竹内 和雄（たけうち かずお）
発行者　長谷川 翔
発行所　株式会社 保育社
　　　　〒532-0003
　　　　大阪市淀川区宮原3－4－30
　　　　ニッセイ新大阪ビル16F
　　　　TEL 06-6398-5151　FAX 06-6398-5157
　　　　https://www.hoikusha.co.jp/
企画制作　株式会社メディカ出版
　　　　TEL 06-6398-5048（編集）
　　　　https://www.medica.co.jp/
編集担当　中島亜衣／二畠令子／佐藤いくよ
編集制作　株式会社 KANADEL
編集協力　野口和恵
校　　正　荒井 藍
装　　幀　有限会社 Zapp!
本文デザイン　有限会社 Zapp!
マ ン ガ　アベナオミ
キャラクター　アベナオミ
本文イラスト　ヤマネアヤ
印刷・製本　株式会社精興社

ISBN978-4-586-08664-1　　　　　　　　　　Printed and bound in Japan

乱丁・落丁がありましたら、お取り替えいたします。